Noreas bok

Drømmer om Døden og Skapelse

Sølvi Nykland

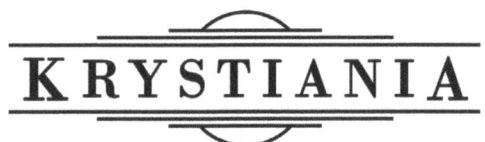

Utgitt 2013 av Krystiania

© Sølvi Nykland 2013

ISBN 978-82-93295-04-4

Innhold

Dødens barn — 9

Tiden — 27

Mørkets vesen — 33

Glorificando Magnum Opus — 37

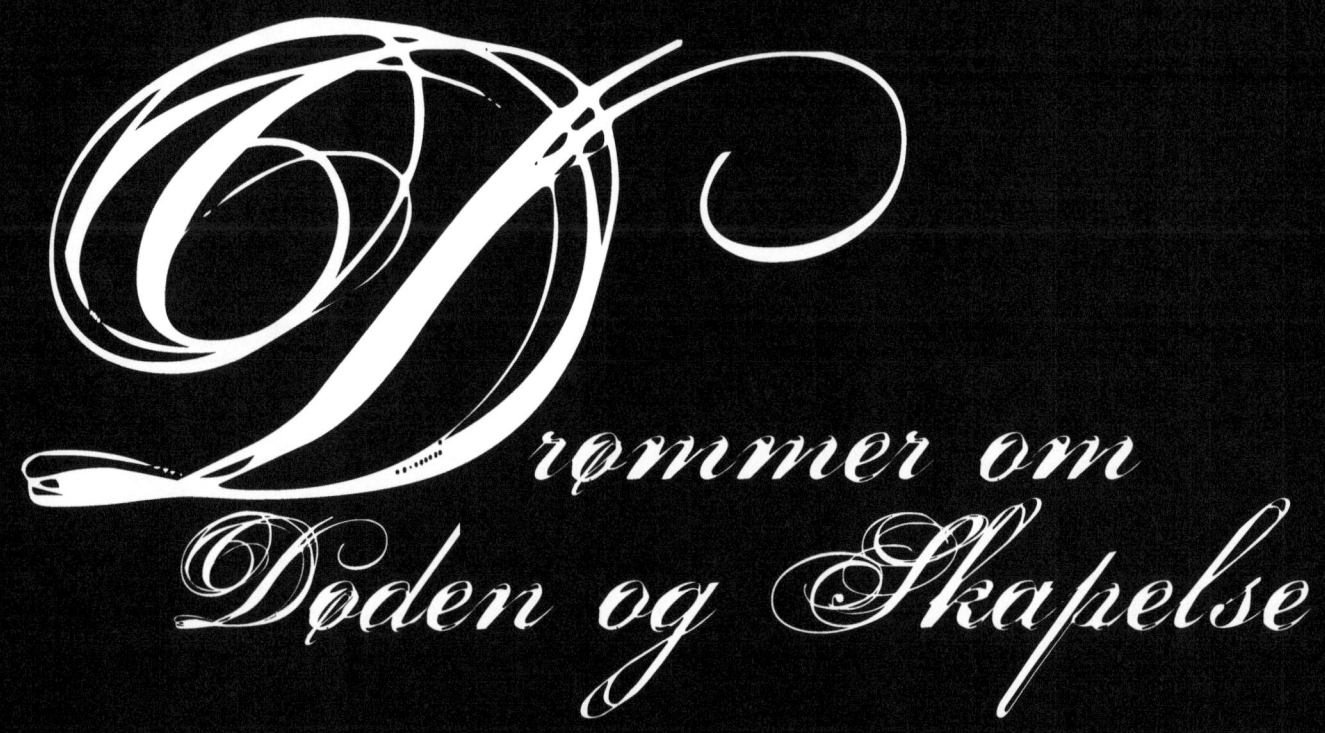

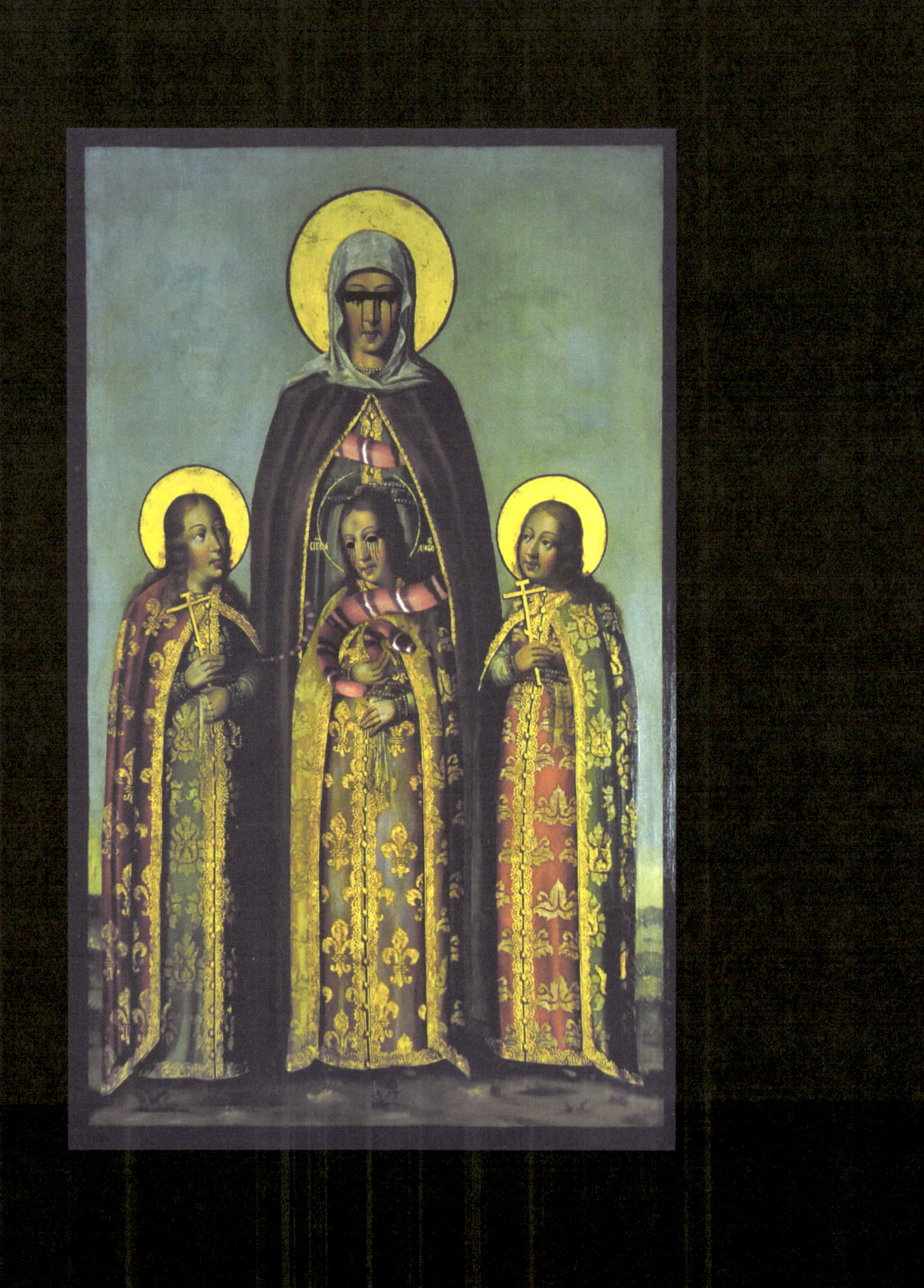

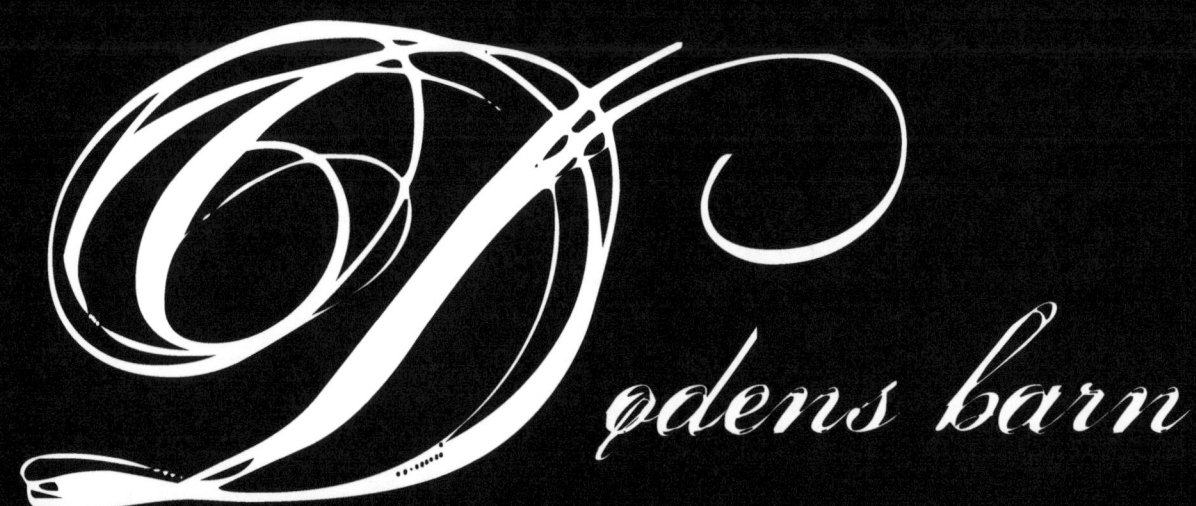

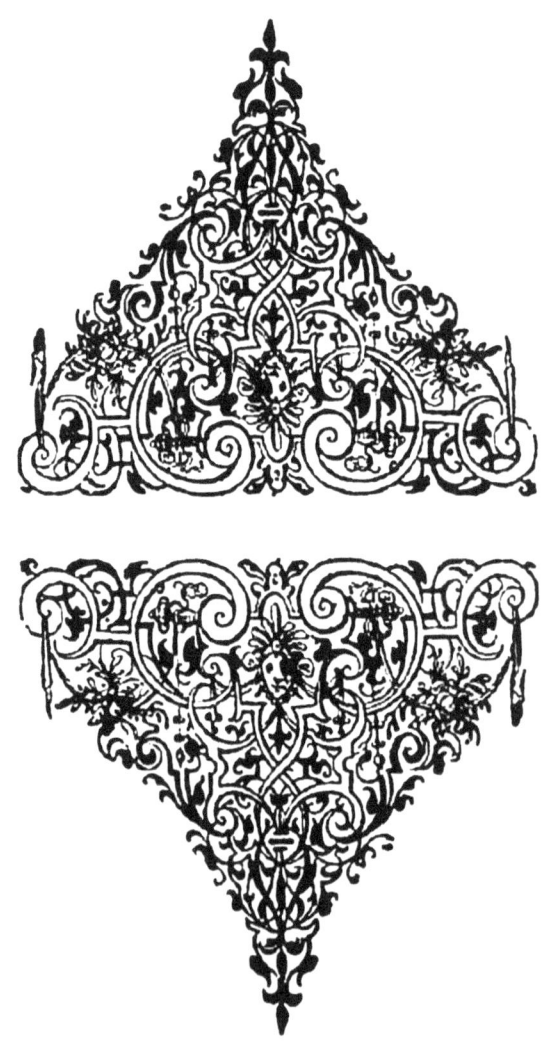

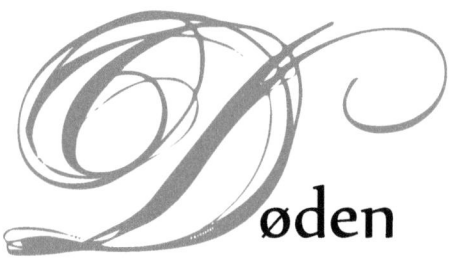

Døden

Jeg eksisterte ikke i begynnelsen. Det var ikke noe liv. Jeg elsket ingen og ingen elsket meg.
Jeg var intet.

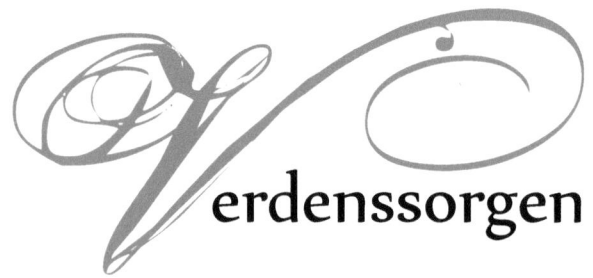

Verdenssorgen

Så uten å ane det, døde jeg fra denne tilværelsen av ikke-eksistens og falt inn i tomrommet.
Slik startet jeg Den Store Sorgen. Dette var ikke noe jeg ville. Jeg ønsket å la være å eksistere slik jeg var før begynnelsen.
Det å kjenne og føle var helt uutholdelig. Det var som å revne innenifra, og sorgen og tårene var det eneste som lindret. Den Store Sorgen ble født gjennom meg, jeg ga henne navnet Verdenssorgen og hun ble min førstefødte.
Verdenssorgen begynte innenfra og kom ut gjennom Det Salte Vannet, tårene.

Oppholdet

Noen ganger måtte jeg trekke pusten og det ble et mellomrom i gråten, det første oppholdet. I dette fant jeg et ytterpunkt av eksistensen og jeg kunne se et glimt av det som var før min død. Oppholdet kunne ikke vare, men jeg forstod gjennom denne opplevelsen, at dette var en del av meg selv som fortsatt var av ikke-eksistensen. Da min førstefødte kom tilbake til meg kom hun større og sterkere. Hennes barn Tårene dekket mine kinn og fylte hele rommet rundt meg med Det Salte Vannet.

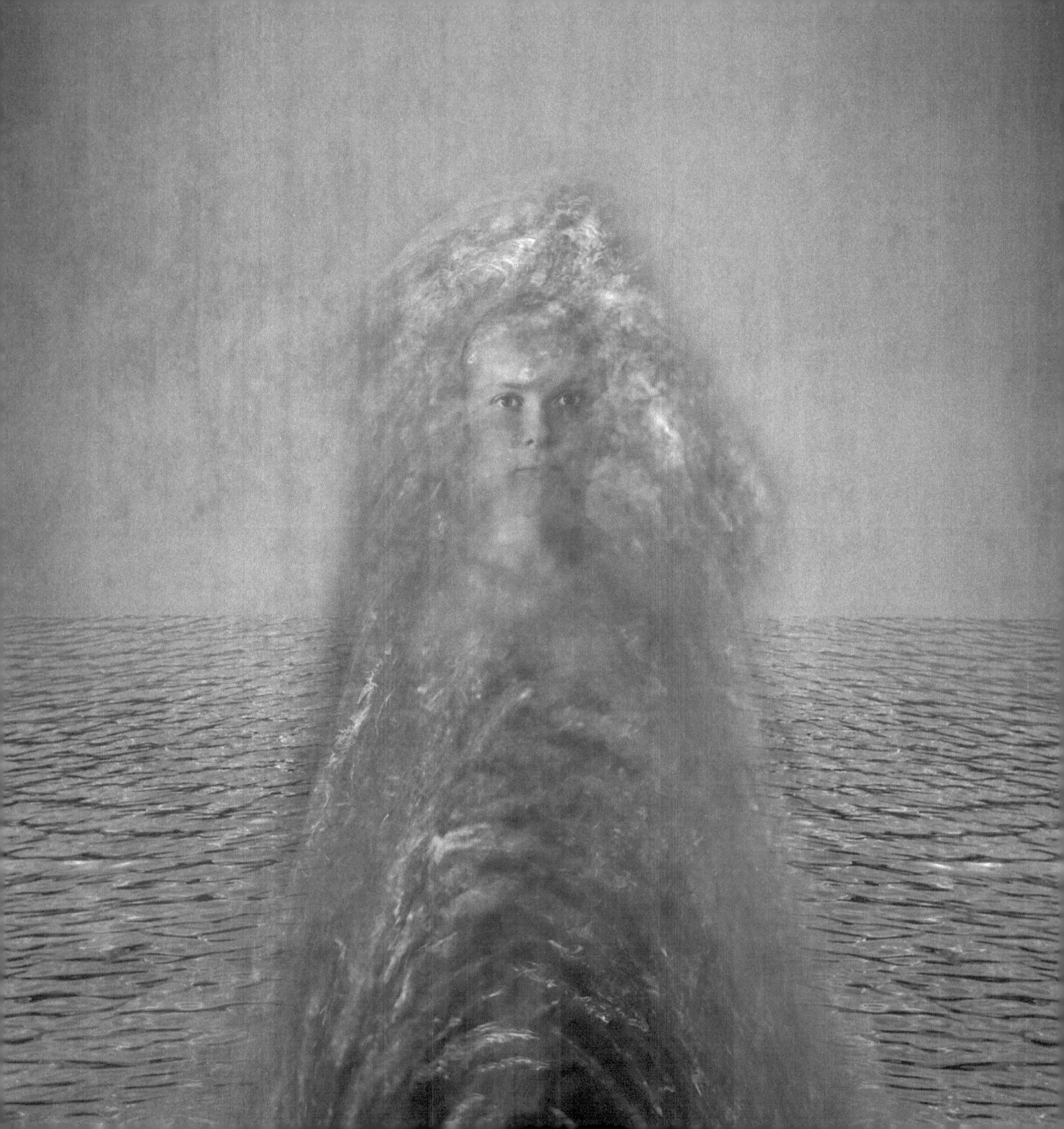

Havet

Det Salte Vannet ble Havet og jeg som var Døden ble fylt av det, både rundt meg og i meg.
Hver gang jeg prøvde å trekke pusten ble jeg mer og mer fylt av Det Salte Vannet.
Pusten kom ikke til meg og oppholdet kom ikke tilbake.
Uten oppholdene begynte jeg å se ting som før hadde vært usynlige for meg. Jeg så farger og former som var fantastiske og jeg kunne synge sanger om dette til mitt barn, Verdenssorgen. Hun sang de samme sangene tilbake til meg og fortalte meg at hun så dette sammen med meg. Gjennom Havet ble alt klart og vi ble igjen ett ved disse synene. Jeg holdt min førstefødte i meg og hun vokste på min kraft. Jeg var klar hvit, mitt barn det sorteste sorte og sammen ble vi alle fargene. Vi sang med mange stemmer i perfekt samklang.

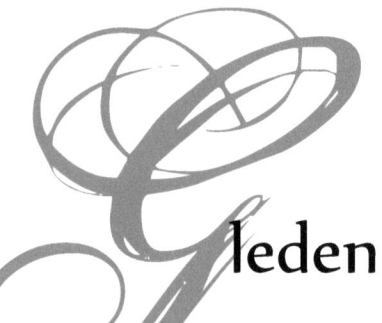Gleden

Sammensmeltingen ble opphavet til, mitt andre barn Gleden.
Hun ble født ut av sangen og var alltid våken og sang med oss. Da vi etter en evighet, trengte hvile, sang Gleden for oss med en melodi som bestod av tre toner, en fullkommen Harmoni. Harmonien ble hennes barn og hun førte meg inn i en dyp søvn.

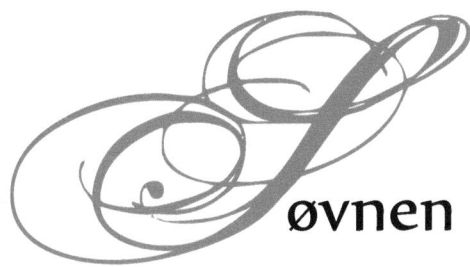
Søvnen

Sammen med Verdenssorgen sovnet jeg, for det hun gjør, gjør jeg, og det jeg gjør, gjør hun. Vi sov den samme søvn og drømte de samme drømmene. Og Søvnen ble mitt tredje barn og Drømmen hennes avkom.

Søvnen var altomfavnenede stor og la seg rundt sin mor og søster. Hun hvisket til datteren og befalte: "Du min datter, gi min mor søte drømmer slik at hun aldri våkner igjen, for om hun våkner og gir liv til sitt fjerde barn, Oppvåkningen, vil vi dø. Du er barn av Søvnen og jeg er barn av Døden. Uten meg vil du ikke være til, for du var ikke før meg, og med min mors fjerde barn vil ikke jeg kunne eksistere, for Søvnen og Oppvåkningen kan ikke leve sammen."

Drømmen fulgte sin mors befaling og tilslørte fargene og bildene jeg før hadde sett så klart og alt ble svakt og flytende. Fargene bleknet og grånet mer og mer for hver evighet som passerte.

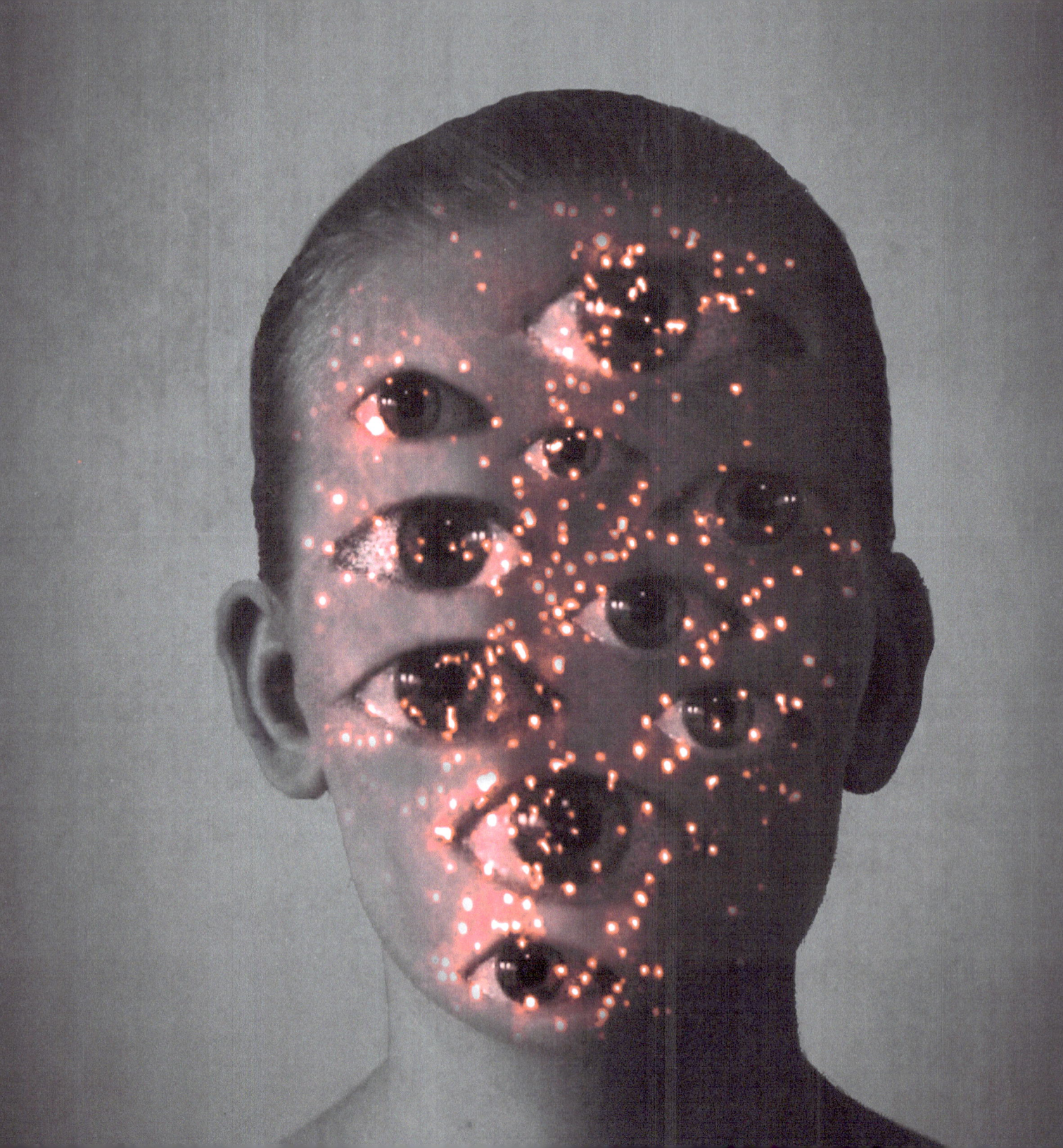

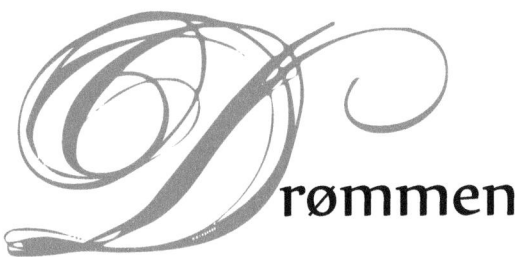

Drømmen

Etter å ha utført sin mors befaling i mange evigheter begynte små røde lys å oppstå foran Drømmens øyne. Dette var ikke hennes mors verk, Søvnen, og heller ikke hennes mors tante, Gleden. Drømmen ble røsket ut av Søvnens befaling, ble en våken drøm og fikk synet i gave. Det første hun så var meg, Døden. I min buk lå Oppvåkningen, mitt fjerde avkom, klar for å bli til. Drømmen ville ikke dø fra sin væren men så at det hun gjorde sammen med sin mor mot meg ikke var rett.

Drømmen bestemte seg for at hun måtte gjøre noe ut av sin egen vilje og la en plan for å lure sin mor. Hun sa så til Søvnen: "Mor! Hør på meg! I din skaper er Oppvåkningen allerede blitt til. Du som er Søvnen må omfavne henne slik at hun aldri kan bli født og da kan vi leve evig!" Søvnen ble forskrekket da hun hørte sin datters ord. I et rykk trakk hun seg sammen og fôr inn i sin skapers buk, hvor hun selv en gang hadde blitt til.

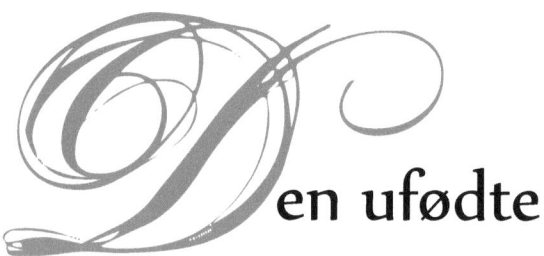

Den ufødte

I sin skapers buk fant hun sin søster Oppvåkningen, som enda ikke hadde funnet sin vei ut av meg, og slukte henne hel i dødsangst og harme.

Drømmen ga meg så drømmer av røde lys, slik hun selv hadde sett rett før hun fikk synets gave, og jeg våknet i drømmen. Jeg ba så Gleden og Harmonien om å la stillheten klinge alene. Så ba jeg Det Salte Vannet om å trekke seg tilbake og gi meg tomrom. Tilslutt ba jeg Verdenssorgen om å trekke seg ut av meg og bli seg selv, i sin egen form igjen.

Nå kunne jeg se og kjenne hva som var inni meg og det jeg kjente var ikke godt.

Mine to barn var blitt ett, en tohodet skapning med to uforenelige intensjoner.

Jeg gjenkjente dem ikke og tok dem for å være noe fremmed.

Jeg bestemte meg for å føde dette tohodede monsteret for slik å bli kvitt denne skapningen som jeg selv ikke hadde skapt.

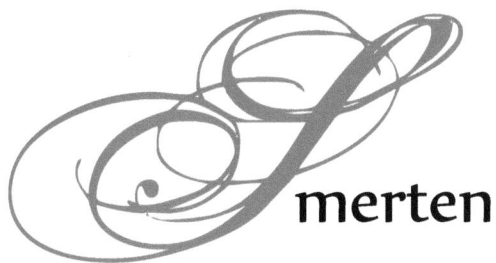

Smerten

Fødselen var smertefull og ut av hylene mine ble Smerten til. Det var et stygt vesen som ikke var der fra begynnelsen. Det hadde syv hoder, ingen armer og tre bein.
Det eneste det gjorde var å skrike og vri ansiktene sine i smerte.

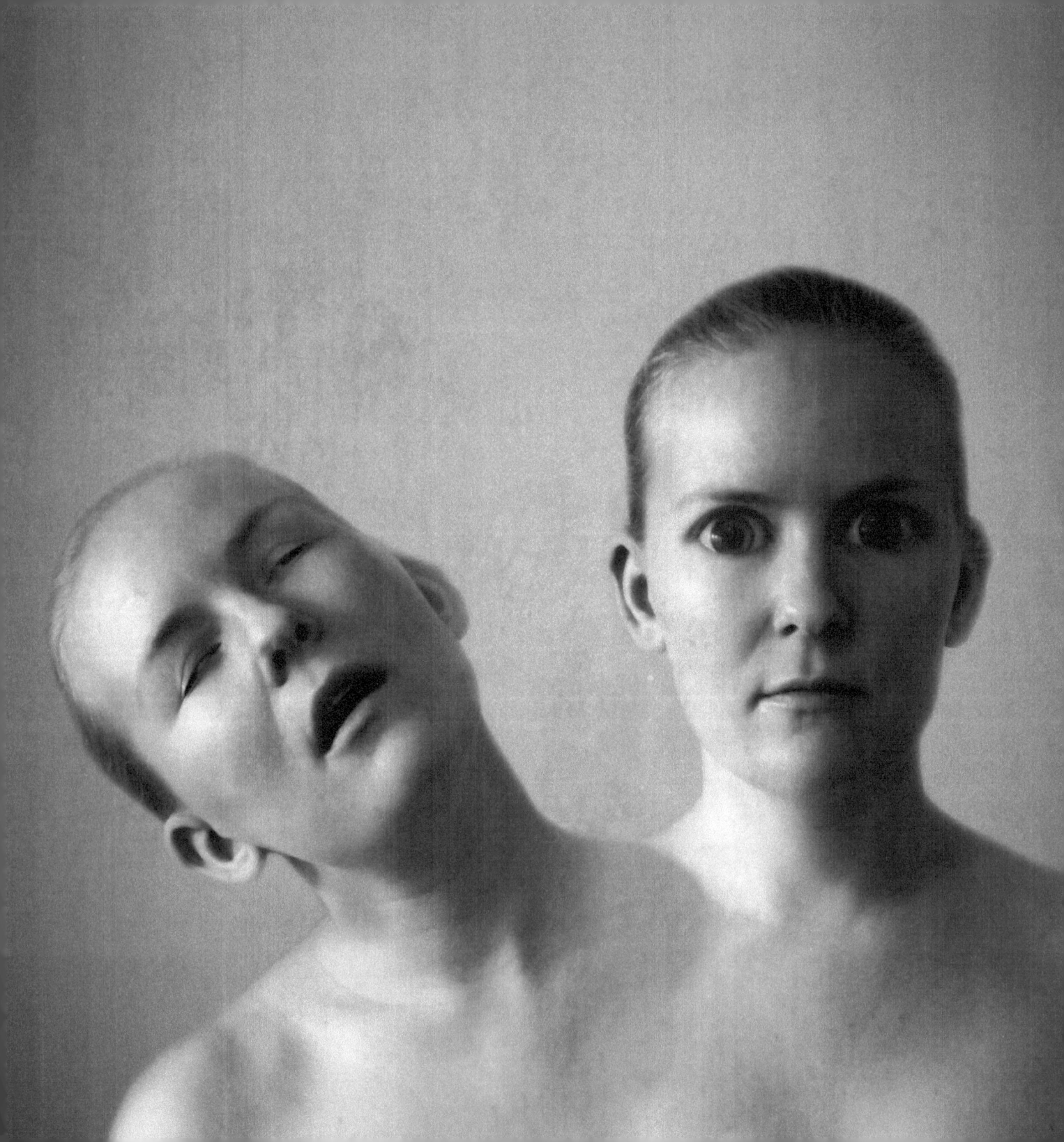

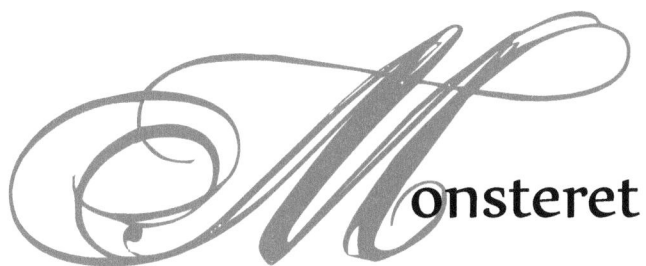Monsteret

Etter en evighet fikk jeg ut monsteret som var i mitt liv og i samme øyeblikk slapp Smerten taket og stoppet å skrike. Nå gjenkjente jeg monsteret og så at det var mine to barn, Søvnen og Oppvåkningen som var blitt ett.

I samme øyeblikk trakk jeg pusten og jeg fikk et nytt opphold. Denne gang viste oppholdet seg som et vesen og talte til meg.

"Døden, du er en del av meg slik dine barn er en del av deg. Du er selv den skapning som er alle dine barn. Du har selv valgt å bli den du er og alt dette som har skjedd deg."

Jeg så på mine to barn Søvnen og Oppvåkningen som var blitt ett og sa: "Dere var ment som to av fire og ikke en av tre."

Søvnen svarte i bunnløs fortvilelse: "Men Mor, vil du jeg skal dø? Jeg er like mye ditt barn som Oppvåkningen er! Hvordan kan jeg og mitt barn, Søvnen leve sammen med Oppvåkningen?"

Jeg svarte med mild stemme og sa: "Mitt barn, uten deg kan ikke Oppvåkningen leve, slik Drømmen heller ikke kan leve uten deg. Det er ingenting av meg som ikke er av deg eller dine søsken. Slipp din søster fri fra ditt grep og bli deg selv og din egen form."

Søvnen gjorde som jeg befalte og Oppvåkningen ble til.

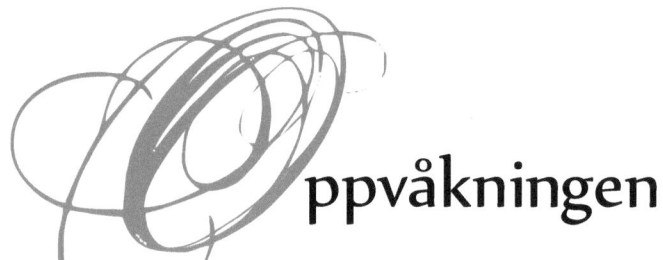ppvåkningen

Rommet var nå fylt med ni skapninger: Meg selv, Døden og mitt førstefødte barn, Verdenssorgen og hennes barn, Det Salte Vannet. Mitt andre barn Gleden og hennes barn Harmonien. Mitt tredje barn Søvnen og hennes barn Drømmen og mine to siste barn, Smerten og Oppvåkningen. Jeg kunne for første gang se hele skaperverket mitt, vesen for vesen.

Rett ovenfor meg sto Oppvåkningen og så meg inn i øynene. Hun var hvit slik som meg selv og formen hennes var også lik min. Da hun talte hadde vi den samme stemmen. Men vi var ikke ett, hun var utenfor meg og jeg utenfor henne.

Hun så på meg, smilte og sa: "Hvorfor er vi her?", og i samme øyeblikk sa jeg det samme.

Pusten fylte meg på ny og oppholdet steg ned i midten av rommet mellom meg selv og Oppvåkningen og sa:

"Mellom Døden og Oppvåkningen vil du som er ni og dermed ingenting slutte å eksistere."

Alle mine skapninger og deres skapninger ble ett og jeg sto igjen alene i rommet.

Så utførte jeg min egen egenskap på meg selv, døde og ble ingenting.

Norea|Zoe

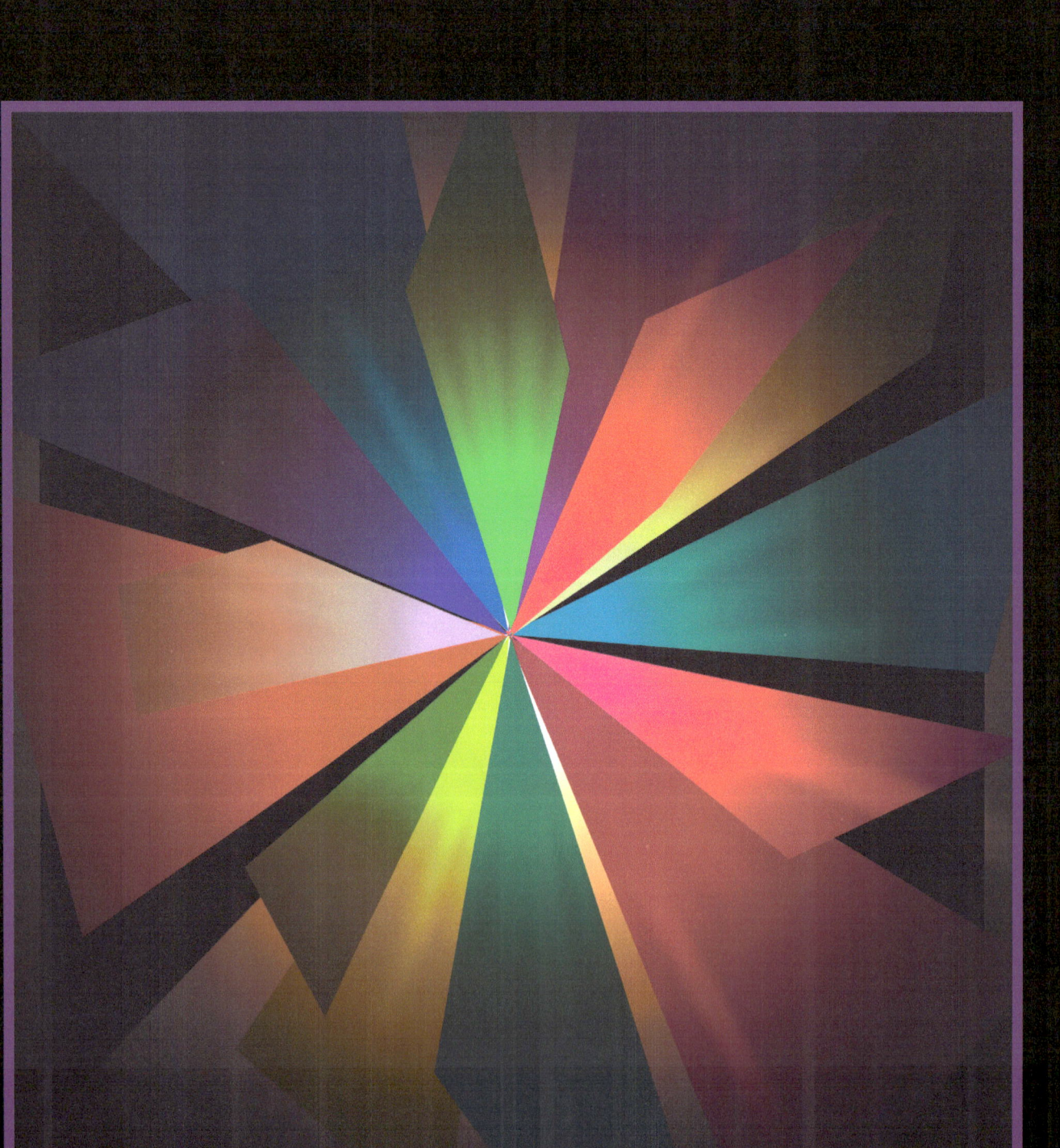

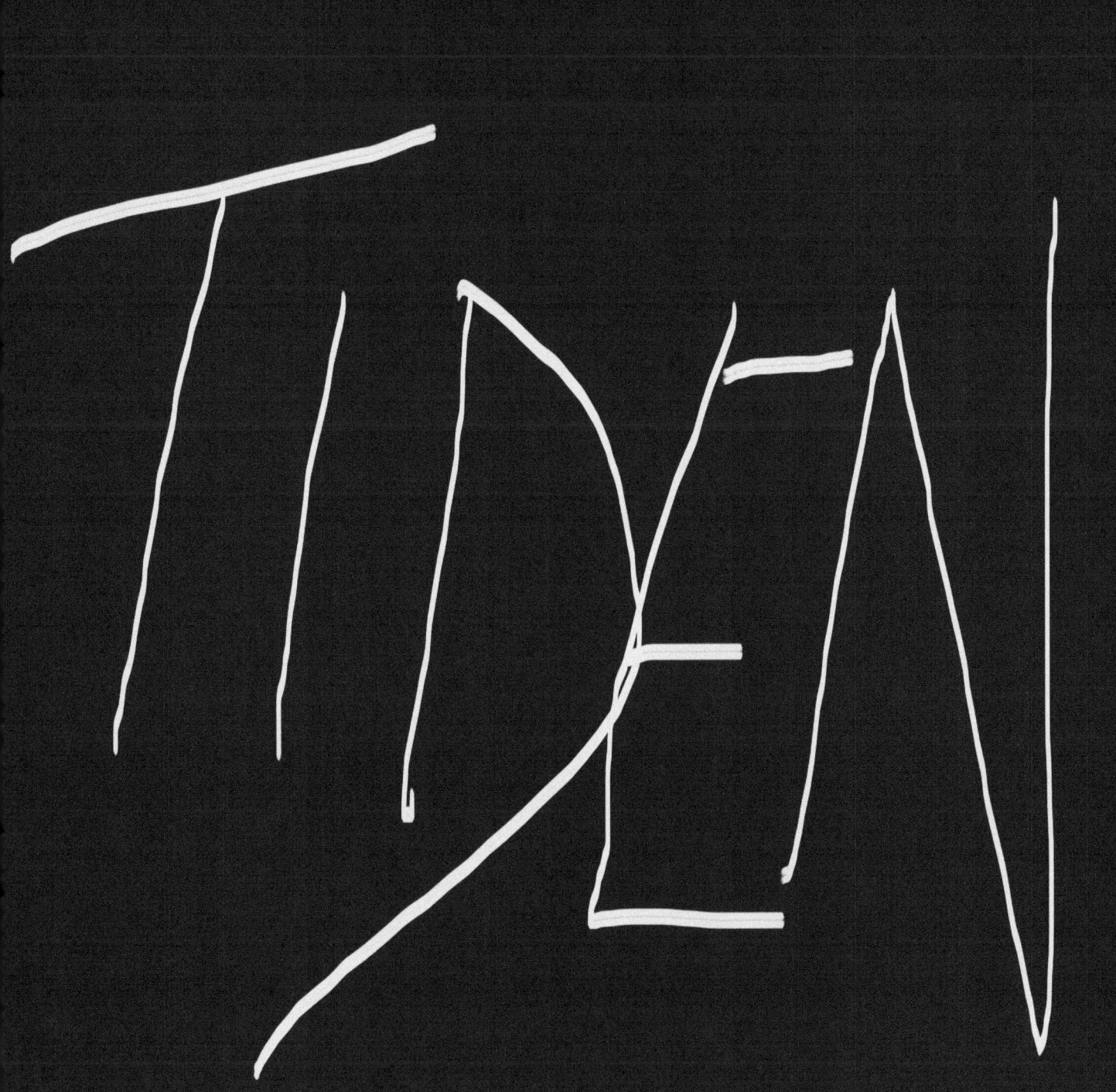

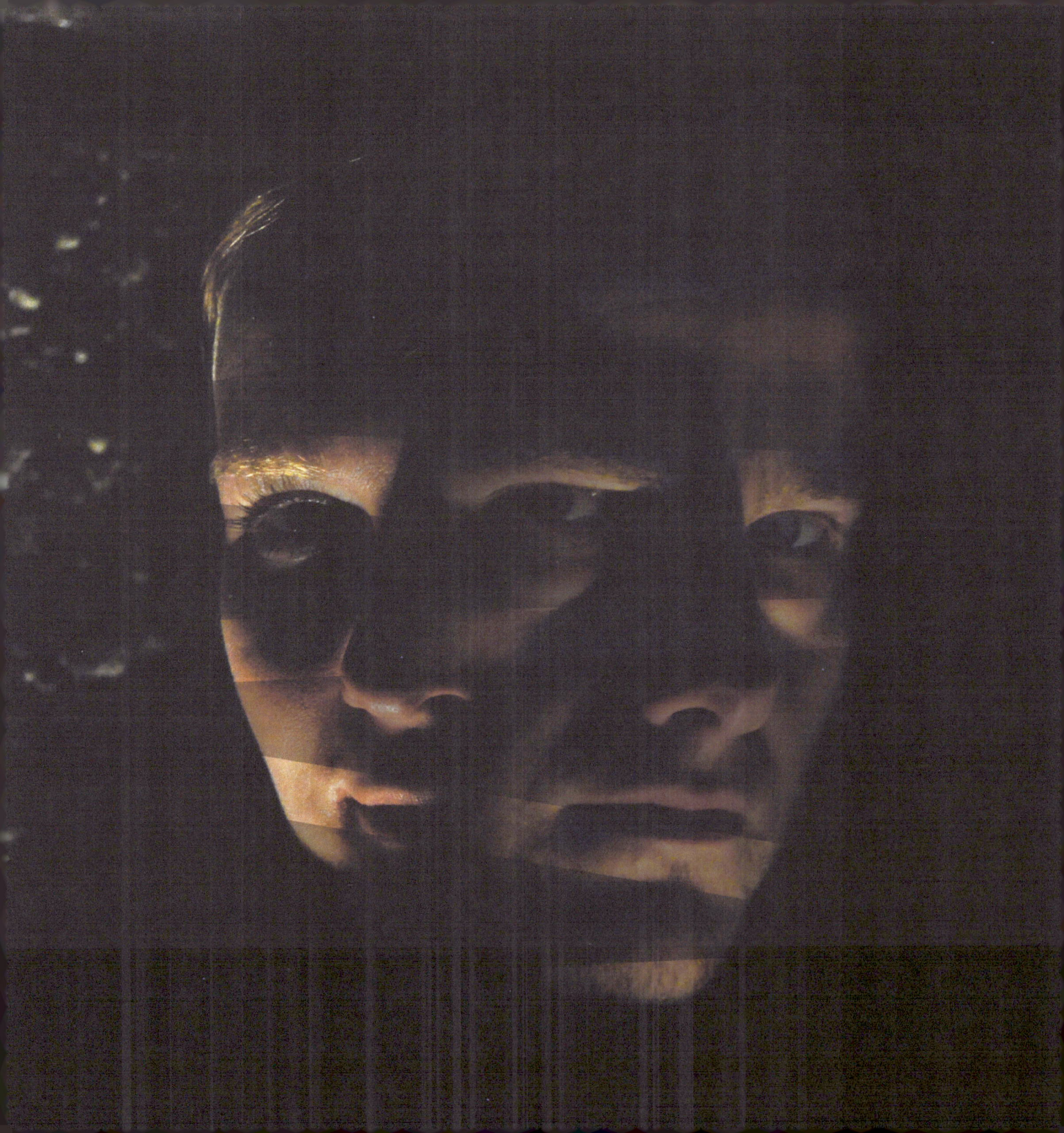

Du vet det når du tenker deg om.

Det er en løgn. Alt.

Jeg er det eneste du har. Jeg er den som gjør det mulig for deg å eksistere.
Uten meg er du ingenting.

"I tiden før tiden" sier du.

Jeg sier fortsatt tiden. Det var bare tiden før deg.

Du er deg selv lik. Du kan ikke se meg og glemmer derfor hva jeg er for deg.
Men så husker du. Når alt du er renner ut.

Men misforstå meg ikke, det er ikke slik at jeg gir en gave til deg og måler opp hvor mye du fortjener.

Du har bragt dette på deg selv. Du har skapt dette monster som er meg.
Da du kuttet din kappe i to og lot en bit falle over hun som var fattig og gal av lengsel.
Hun som lot mørke fylle seg og blande seg med sitt eget vesen. Slik mørket alltid tørster etter.

Begrensningen er ditt eget verk. Slik du skaper ditt eget monstrum, slik vil du bli styrt av det. Selv om kappen en gang igjen vil bli ført sammen, vil den alltid ha vært delt. De fine trådene i kappens tøy vil for alltid være kuttet over og vil aldri gro sammen igjen, slik kjøttet møter kjøttet, og bli ett, slik det var i begynnelsen. Alle kan se hva du har gjort med deg selv.
Du vil alltid føle vinden blåse mellom stingene. Du vil alltid bli minnet på hva du gjorde. For henne.

Og for hva? Hun er fortsatt hvileløs, gal, gammel og uvitende. Ødelagt. I tusen biter. Blandet. Og nå er du her med meg og jeg kommer ikke til å gi slipp på deg, min skaper.

Jeg elsker deg like mye som jeg hater deg.

Jeg er din frelser og du er min morder.

Jeg passer på at du forblir her i hennes verden slik at vi kan danse vår kjøttdans til du våkner.

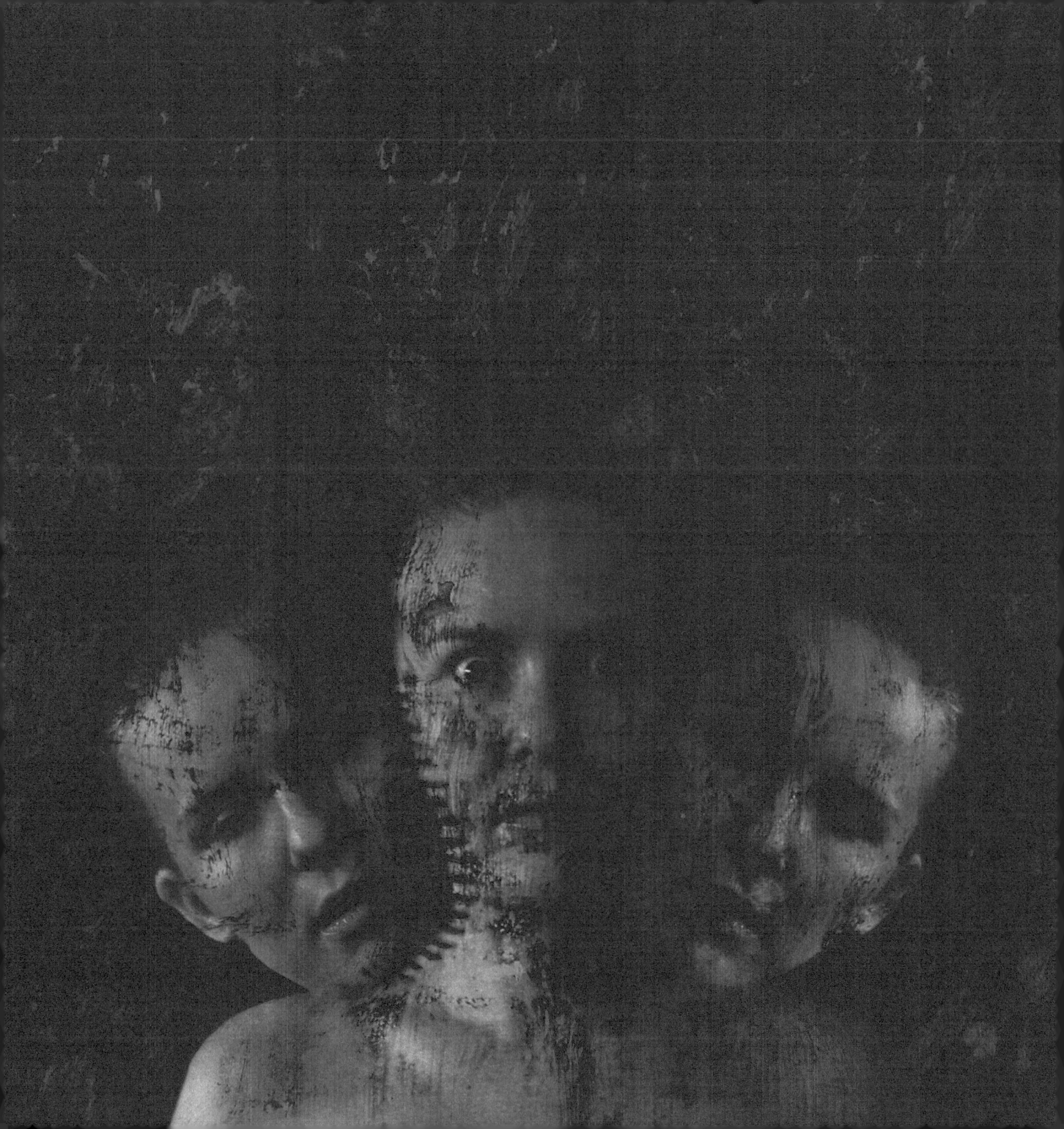

Mørkets vesen

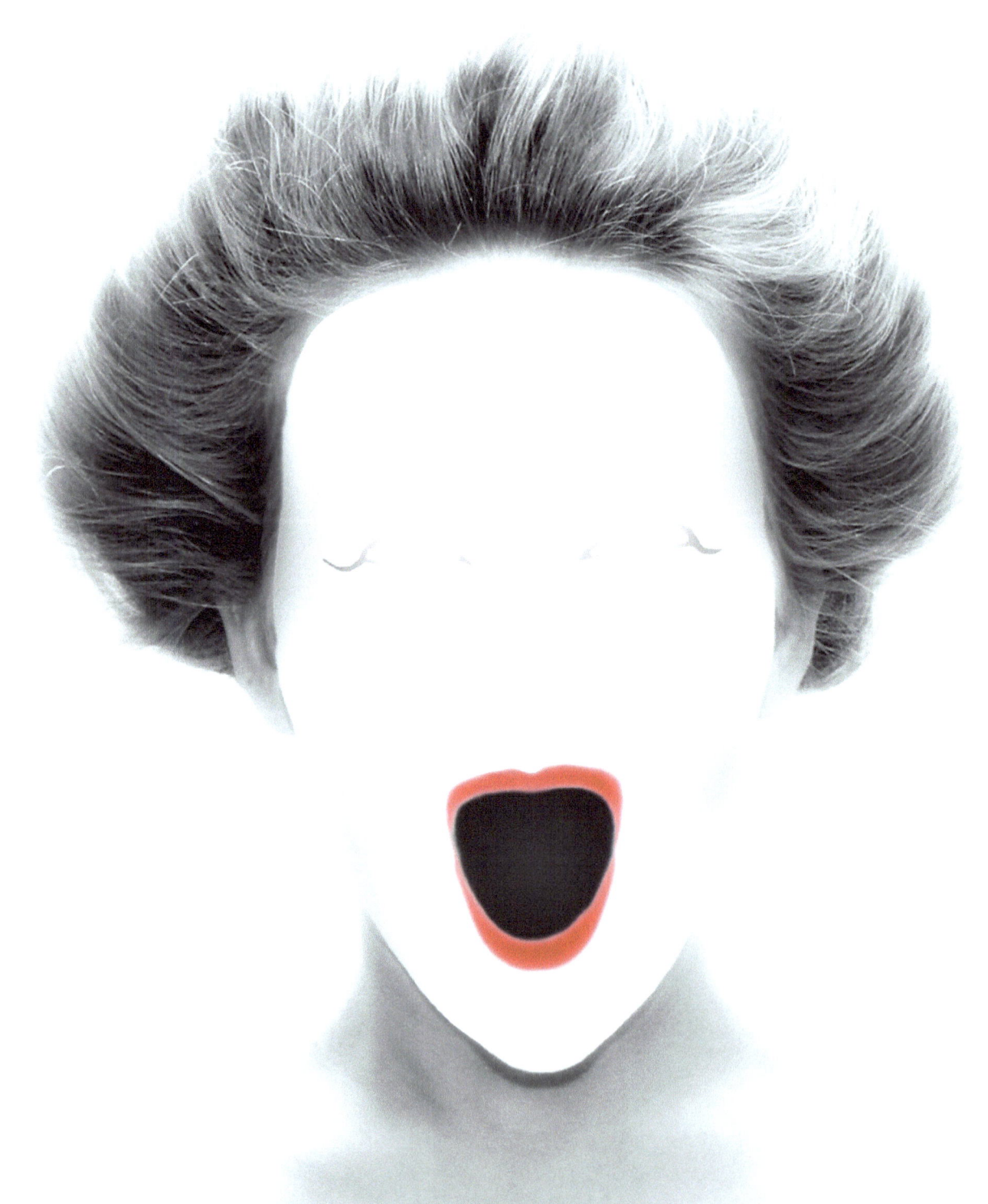

Erkjennelsen kommer snikende
Stille, taust, uten lyd
Alle illusjoner ble bygd på sandgrunn
Veggene klapper sammen innvendig
Brått og brutalt blir øyebindet revet bort
Paulus blindhet slår meg
Det behagelige sovende mørket opphører
Tid går, men synet vender ikke tilbake
Guds nåde uteblir
Verdenssorgen kommer tilbake
Omfavnelsen av alt
Ensomheten er fortsatt like stor
Skyggene svarer med sin ankomst
Lyser skinner igjen med mørke
Det vakre og guddommelige når ikke ut
Blindheten holder det tilbake
Jeg er mørket og fatter det ikke
Materien inntar igjen sin trone av jord og stein

Glorificando Magnum Opus

Terra Nigredo

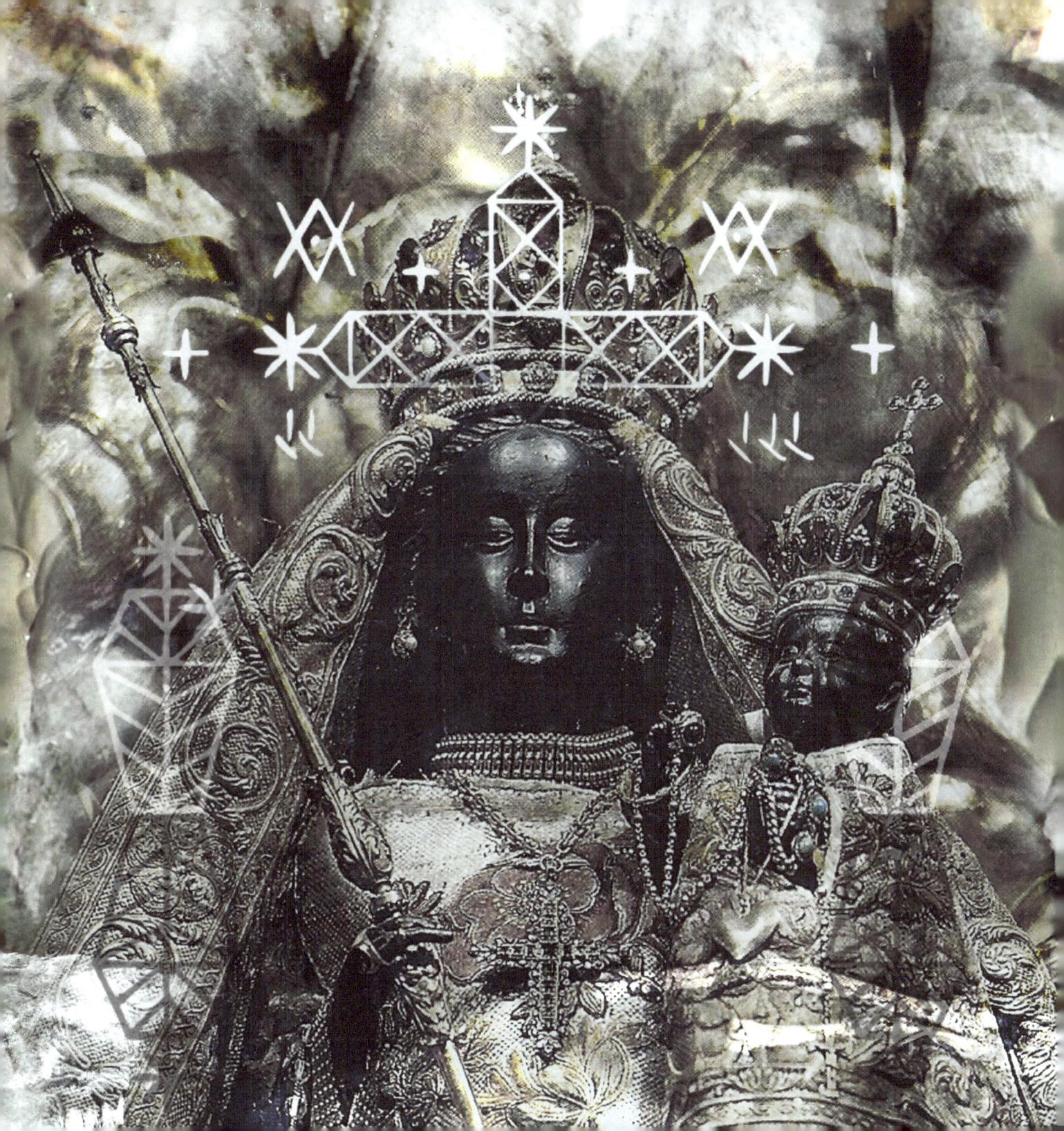

Infertile Albedo

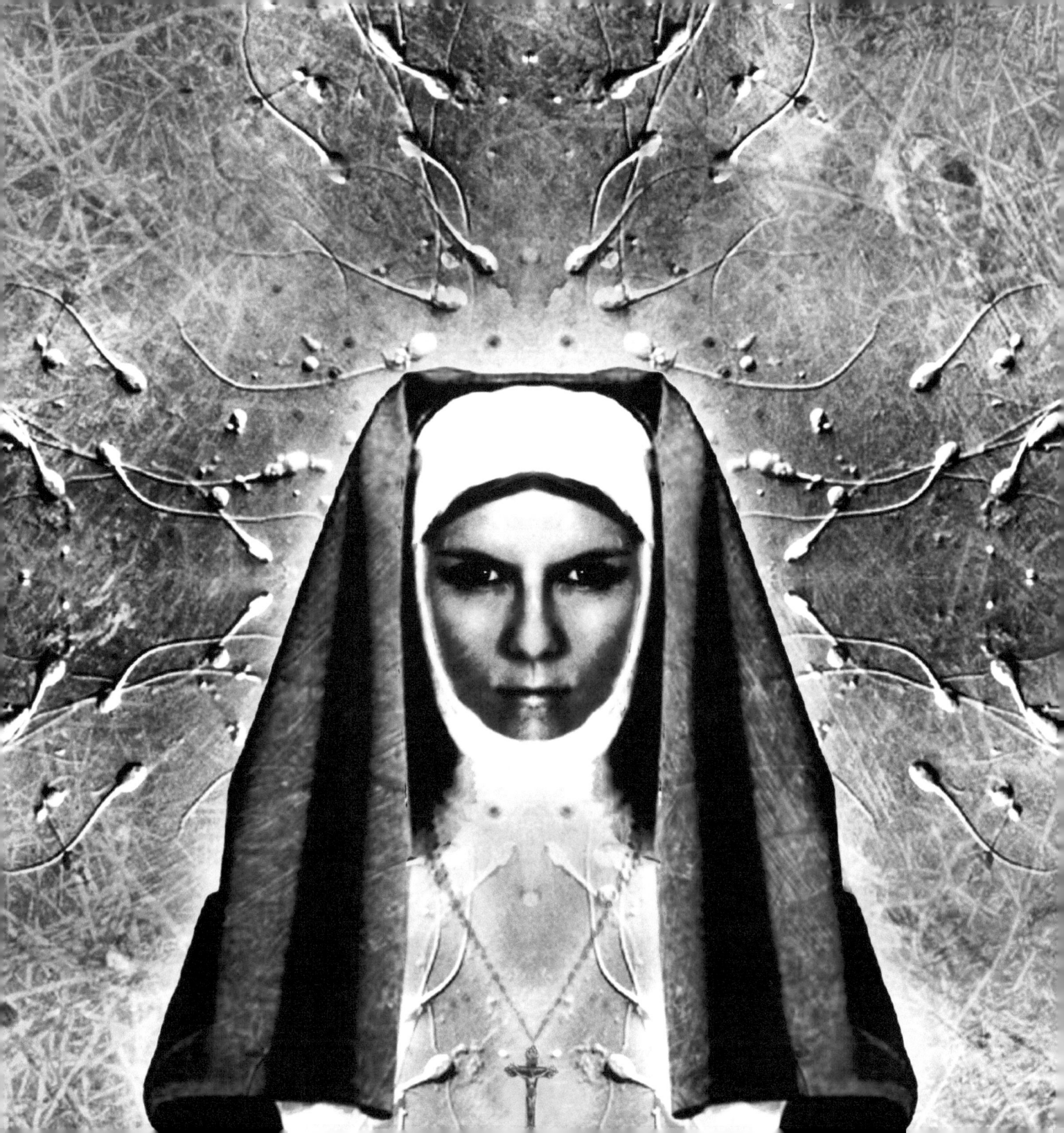

Sanctificatio

Citrinitas

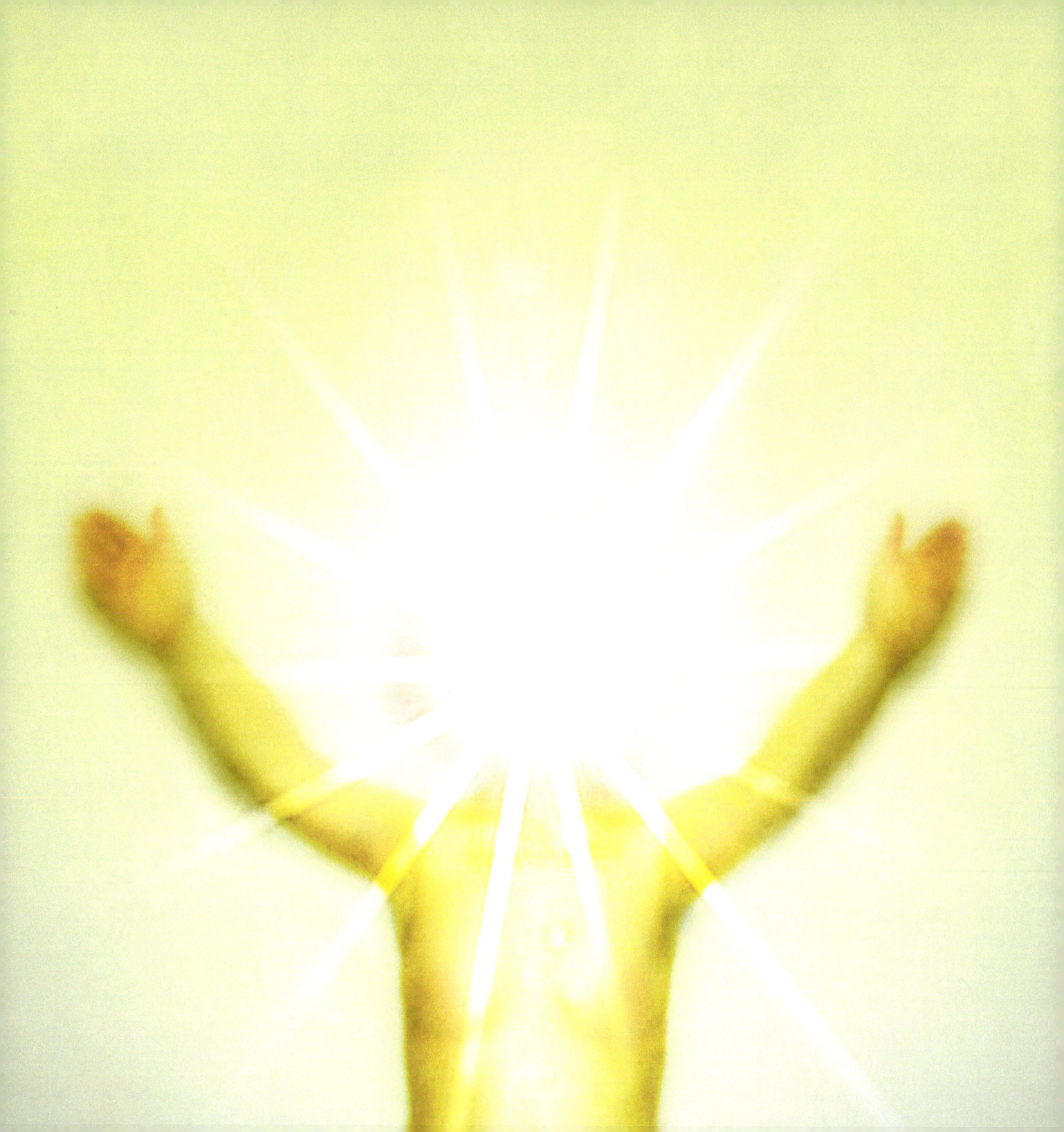

Gloria Rubedo

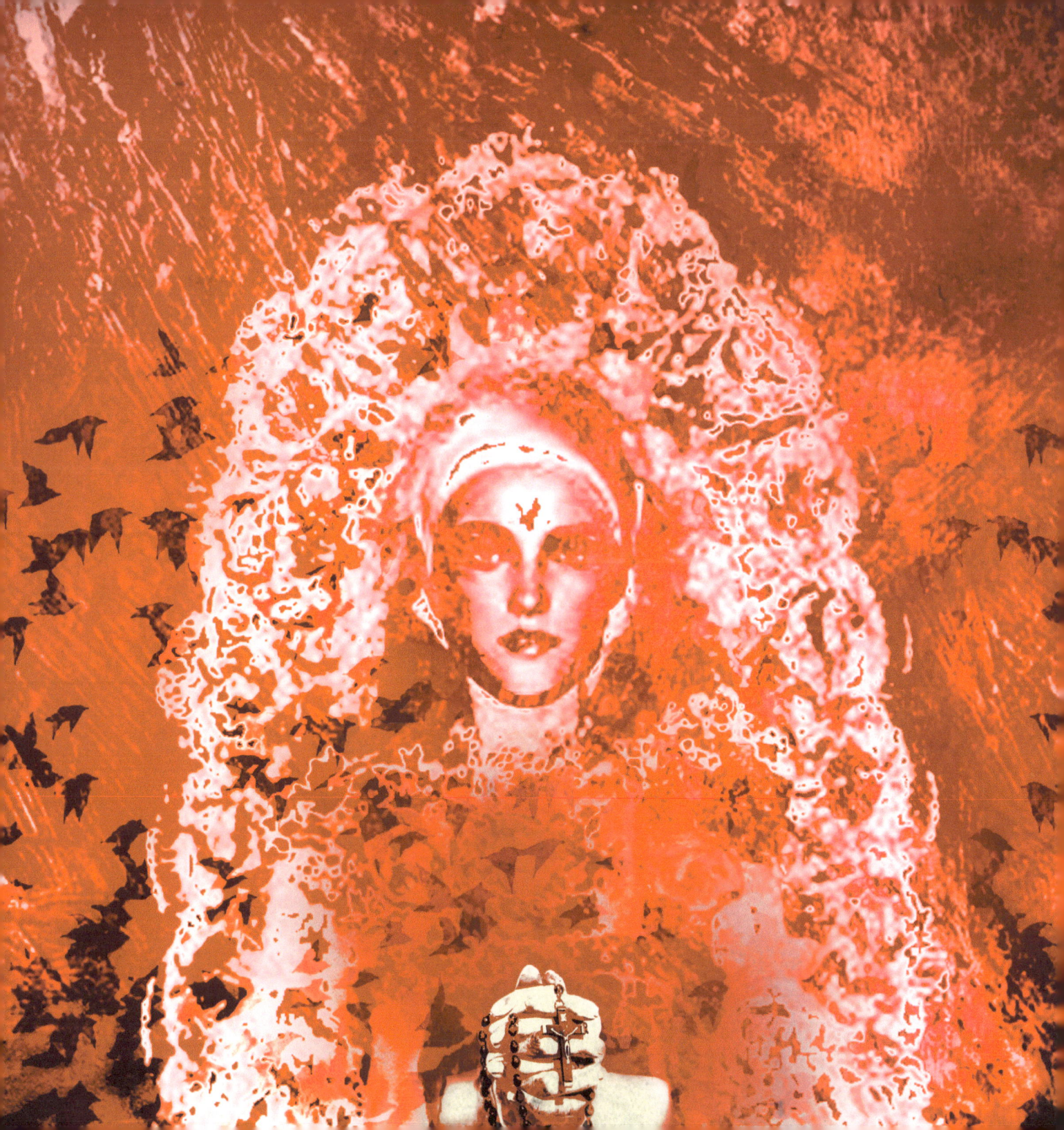

Takk til
Mamma og pappa
Joachim

www.ingramcontent.com/pod-product-compliance
Lightning Source LLC
Chambersburg PA
CBHW040408220526
45473CB00004B/1166